LE

CANAL DE SUEZ

AU POINT DE VUE FINANCIER

PAR

P. BOSSICAUT

PARIS

TYPOGRAPHIE A. HENNUYER

RUE DU BOULEVARD, 7

1870

AVANT-PROPOS

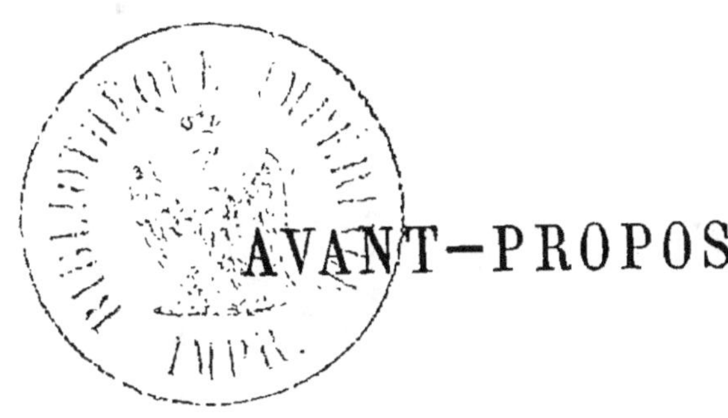

L'auteur de cette brochure ne connaît pas le conseil d'administration du canal de Suez : il n'a jamais assisté à ses réunions générales ou particulières. Le jeu très-actif auquel les actions de cette entreprise donnent lieu aujourd'hui, les contradictions extrêmes qui existent entre ceux qui les déprécient et ceux qui les exaltent ont piqué sa curiosité et l'ont porté à étudier la question pour connaître la vérité. Son étude une fois terminée, sans lui paraître de nature à porter la lumière dans ce débat, lui a semblé pouvoir y apporter un élément de plus, et c'est ce qui l'a déterminé à en faire imprimer un certain nombre d'exemplaires qu'il adresse à quelques-unes des personnes qui se sont occupées du même objet, soit dans leur cabinet, soit dans les publications.

CANAL DE SUEZ

AU POINT DE VUE FINANCIER

I

Tout a été dit sur la construction du canal de Suez. Elle a eu ses détracteurs et ses prosélytes, et les derniers ont eu gain de cause, puisque déjà la navigation a fait usage des eaux du canal. Les premiers n'avaient pas positivement nié la possibilité du creusement : ils avaient surtout annoncé que l'estimation de 200 millions, représentant un revenu net de 10 millions, était insuffisante, et que les possesseurs des quatre cent mille actions couraient à leur ruine. Ils ont prédit juste quant aux prémisses de leur proposition, puisque les charges actuelles du canal sont portées, par la création des obligations, à une somme annuelle de 20 millions, non compris une autre somme de 5 millions présumée nécessaire pour l'entretien de la voie d'eau et pour les frais divers d'administration. La conséquence de leurs prémisses, c'est-à-dire la ruine des actionnaires, est-elle également vraie? C'est ce que nous nous proposons de rechercher ici.

Un publiciste a déjà écrit, il y a quelques années, sur le même sujet, et il a donné à sa brochure ce titre : *la Vérité sur le canal de Suez*. Tout en plaçant cet article sous l'invocation de la vérité, nous n'avons pas la prétention de la trouver complète et par conséquent de la donner avec exactitude. Nous n'avons que le désir sincère de la chercher. Elle est nécessairement enveloppée de quelque obscurité, puisque les revenus du canal dépendent de sa fréquentation future et que nul ne peut pénétrer au juste une pareille futurition. Peut-on même la pressentir, et une inconnue de ce genre peut-elle se dégager en partie des obscurités qui l'environnent? Nos lecteurs le jugeront eux-mêmes. Nous leur dirons la source de nos renseignements et il leur sera permis d'y recourir et de les vérifier. S'ils les reconnaissent exacts, ils pèseront la légitimité des conséquences que nous en avons déduites, et ils jugeront si, pour remplacer les données qui nous manquaient, nous avons établi des présomptions conformes au bon sens ou si nous nous sommes égaré dans le champ des hypothèses.

Les contrées de l'Orient auxquelles le canal de Suez offre une voie plus courte sont principalement desservies par les navires qui portent les pavillons anglais, hollandais et français, et un peu, mais très-peu, par les pavillons belge et espagnol. Les autres pays de l'Europe industrielle qui font usage des productions de l'extrême Orient ou qui y portent les leurs, opèrent par l'intermédiaire des nations que nous venons de nommer, et surtout de l'Angleterre et de la Hollande, et il suffit d'avoir sous les yeux le tableau de la navigation que font l'Angleterre, la Hollande, la France, la Belgique et l'Espagne avec les mers de l'Inde et de la Chine, pour avoir une notion suffisamment exacte des relations de l'Europe occidentale avec les contrées dont le canal de Suez abrége l'accès.

Nous ferons remarquer que, par le mot *navigation*, nous n'entendons pas la quotité de l'importation et de l'exportation, mais seulement la quotité du jaugeage officiel de l'intercourse avec ces pays, et c'est le jaugeage officiel qu'il importe uniquement de connaître ici, puisque tout navire qui transite par Suez paye 10 francs par tonne de jauge officielle et non par tonne de charge effective et de marchandise réellement transportée. Si l'exactitude parfaite des tableaux des douanes des divers pays peut être révoquée en doute quant à ces derniers chiffres, à cause de l'inexactitude de déclarations qu'il n'est pas toujours possible de vérifier et qu'on n'a même pas intérêt à vérifier quand il s'agit de marchandises exemptes de taxes, il n'en est pas de même quand il s'agit de la jauge officielle. Tout navire entrant dans un port est tenu de la déclarer et de la prouver à l'administration du port, en lui exhibant les papiers de son bord. C'est la réunion des chiffres ainsi prouvés qui forme les tableaux de navigation auxquels nous avons eu recours [1].

[1] Tableau général du commerce de la France avec les colonies et les puissances étrangères, années 1848, 1852, 1856, 1860, 1864, 1868; —

Ces tableaux nous apprennent que, pour l'année 1868, le chiffre total du tonnage officiel à l'entrée et à la sortie a été de 2 950 000 tonnes. Il comprend la Chine, le Japon, la Cochinchine, Siam et Birman, les possessions hollandaises, les Philippines, Bornéo, les possessions anglaises, la mer Rouge. Il ne comprend pas l'île Maurice, que nous considérons comme trop voisine de la colonie du cap de Bonne-Espérance pour supposer qu'elle ne sera pas desservie par les navires qui fréquentent cette possession anglaise. Il ne comprend pas non plus la Nouvelle-Hollande et l'Océanie, avec lesquelles l'Angleterre seule fait un commerce actif. Il nous a semblé, à l'inspection du globe en relief, que la diminution de parcours donnée aux marchands anglais par le canal de Suez ne constituait pas, quant à présent, une économie suffisante pour compenser les inconvénients d'une autre espèce que présente le passage du canal et de la mer Rouge. Pour fixer les idées, on peut considérer que l'abréviation par Suez serait d'un septième de la route actuellement suivie par le Cap.

Nous avons biffé complétement les relations avec les ports de l'Egypte, comptés dans une publication récente comme fournissant 300 000 tonnes à la navigation du canal. puisque ces ports sont en deçà et non au delà de Port-Saïd. Nous croyons donc avoir

Tableau analogue publié par le gouvernement anglais, années 1853, 1856, 1860, 1864 et 1868. — Statistic tables relating to foreign countries, compiled chiefly from the official returns of the respective countries, presented to both houses of the Parliament (1868).

établi sans exagération et aussi sans dépréciation la vérité du chiffre actuel de 2 950 000[1] tonnes de la navigation de l'Occident avec les contrées favorisées par l'ouverture du canal de Suez.

Dans quelle proportion ce chiffre prendrait-il de l'accroissement avec le temps, si le canal de Suez n'existait pas? Nous avons employé, pour le rechercher, la méthode en usage, et consistant à présumer l'accroissement de l'avenir d'après celui qu'il a suivi dans les précédentes années. Pendant seize ans, de 1852 à 1868[2], il s'est accru en moyenne de 112 000 tonnes par an; au début, l'accroissement était de 200 000 tonnes, de 1852 à 1856; il était tombé à 100 000 tonnes de 1856 à 1864, et à 65 000 tonnes par an de 1864 à 1868.

Il est permis d'admettre qu'à raison de l'ouverture du canal, l'accroissement annuel sera plus rapide, parce que l'Italie, l'Autriche, la Turquie, la Russie méridionale, la Grèce et les autres petits Etats qui bordent la Méditerranée entreront en relations directes avec l'extrême Orient, et qu'il sera porté de 112 000 à 130 000 tonnes. Il ne faudrait pas supposer pourtant que ces pays n'ont pas encore consommé leur part des produits des Indes, par cette seule raison qu'ils n'y ont pas envoyé leurs navires. Ils ont obtenu les matières dont ils avaient besoin par l'intermé-

[1] Dans ce chiffre, l'Angleterre a une part de 2 500 000 ; la Hollande, 300 000 ; la France, 100 000 ; la Belgique, l'Espagne et les autres nations ont le reste, 50 000. Cette division du chiffre de 2 950 000 est un à peu près en nombres ronds.

[2] Tableaux précités.

diaire des grands marchés européens, qui sont Londres, Liverpool, Amsterdam. La France y a puisé elle-même, depuis surtout que nos dernières lois de navigation ont, en détruisant la protection de notre pavillon, partiellement enlevé à la place du Havre son grand marché pour le reporter à Londres et à Amsterdam. Il ne faudrait donc pas supposer que les pays qui enveloppent la Méditerranée vont ouvrir un commerce nouveau : il est déjà ouvert pour eux. La seule différence qui existera, c'est qu'ils le feront directement, et pourtant l'effet n'en sera ni immédiat ni très-rapide, à cause de l'existence des grands marchés que nous avons nommés et sur lesquels la marchandise qui a l'habitude de s'y rendre sera transportée et livrée à la consommation. On peut néanmoins espérer légitimement que Marseille et Trieste deviendront aussi des marchés importants pour les produits orientaux. Il n'en résultera pas que la consommation de ces produits s'en augmentera beaucoup, par la raison qu'ils sont d'une haute valeur, et que l'abréviation du parcours ne pourra diminuer assez leur prix pour les faire employer beaucoup plus. La consommation a pour grands motifs de son augmentation l'accroissement de la population et de la richesse publique, et celles-ci ne se modifient que dans une mesure lentement progressive. Cette lenteur est la loi de l'humanité.

On a essayé de comparer l'accroissement que la voie de Suez donnerait au commerce de l'Orient à celui que l'ouverture du chemin de Paris-Lyon-Méditerranée a donné au trafic de cette grande ligne, et l'on a dit : « On supposait que le chemin de Paris à Marseille ferait 50 millions de recette, et il donne 300 millions. Il en sera de même pour le chemin de Suez, qui va abréger le commerce avec l'ancien monde. » Une comparaison pareille n'est pas admissible : il est facile de le prouver.

Lorsque le port du Havre, qui fait le commerce avec le monde entier, voyait naguère dans ses eaux 1 million de tonnes de marchandises par an, le canal de Saint-Quentin seul en voyait près du double, quoiqu'il ne réunisse que deux points peu éloignés du même pays. Il n'y a donc aucun rapport, aucune comparaison à établir entre le tonnage du commerce que fait un pays avec lui-même et celui que font les peuples entre eux. On ne va chercher hors des frontières que ce qu'on ne trouve pas chez soi, parce que la longueur des transports et l'acquittement des droits augmentent notablement le prix des choses.

Nous concluons de ces préliminaires :

1° Que le tonnage de la navigation avec l'Orient, qui était en 1868 de 2 950 000 tonnes, sera de 3 200 000 en 1870 ;

2° Qu'il pourra augmenter en moyenne de 130 000 tonnes par an, au lieu de 112 000, grâce à l'ouverture du canal de Suez.

Il nous reste à examiner quelle sera la proportion de ce tonnage qui prendra la voie du canal et celle qui continuera de suivre la voie du cap de Bonne-Espérance.

Il est généralement admis que le canal de Suez ne
sera fréquenté que par des navires à vapeur. Comme
les compagnies qui font le commerce des Indes em-
ployaient surtout des navires à voiles, elles sont dans
l'obligation de transformer leur matériel et s'y sou-
mettent déjà. Combien de temps exigera cette transformation? On ne saurait au juste le prédire, et nous
allons essayer de le présumer. Si la flotte qui fait à la
voile le trafic des Indes orientales était neuve, il faudrait une douzaine d'années pour qu'elle fût hors de
service, douze ans étant la durée d'un navire à voiles;
mais elle n'est pas neuve et l'on peut admettre que
l'âge des navires qui la composent s'échelonne depuis
un jusqu'à douze ans, ce qui leur donne un âge moyen
de six ans. Il est, par conséquent, permis d'admettre
que le matériel naval sera renouvelé en six ans, sans
que ce soit d'une rigoureuse exactitude, et qu'au bout
de ce temps le commerce aura pris tout entier la
voie de Suez, en s'acheminant progressivement chaque
année vers ce terme.

D'après ce que nous avons établi déjà, la jauge to-
tale, dans six ans, serait en nombre rond de 4 millions de tonnes. Si l'on suppose qu'en l'année 1870
il passera à Suez 500 000 tonnes[1], et si nous éche-
lonnons la progression sur la durée des six ans à
s'écouler jusqu'en 1875, nous pourrons poser les
chiffres qui suivent :

---

[1] Cette supposition est fort admissible, puisqu'elle résulterait d'un
passage de 42 000 tonnes par mois et que déjà la circulation a atteint
ce chiffre.

1870	500 000 tonnes.	5 millions.
1871	1 200 000 —	12 —
1872	1 900 000 —	19 —
1873	2 600 000 —	26 —
1874	3 300 000 —	33 —
1875	4 000 000 —	40 —

Il est permis au lecteur de trouver cette progression exagérée et d'en discuter le point de départ, qui consiste à supposer que, le temps nécessaire pour transformer les navires à voiles en navires à vapeur étant écoulé, tout le trafic se fera par Suez. Chacun peut à ce sujet faire ses hypothèses et admettre par exemple que le tiers du trafic se fera par le Cap, et en déduire ses chiffres selon la progression que nous venons d'établir. Cette progression ne nous paraît pas discutable, et il faudrait plutôt admettre un délai inférieur à six ans qu'un délai supérieur pour la transformation du matériel naval. Quant à la supposition que tout le trafic ne passerait pas par Suez, nous la croyons inadmissible. Quelle serait en effet la condition des négociants armateurs qui prendraient la voie du Cap? Leurs marchandises mettraient deux ou trois fois plus de temps à faire le trajet que celles qui passeraient par Suez, et les uns feraient deux ou trois opérations pendant que les autres n'en feraient qu'une. Quelle que soit la différence qui puisse exister entre le taux du fret à la vapeur par Suez et le taux du même fret à la voile par le Cap, elle sera toujours plus que couverte par le fait de renouveler deux ou trois fois l'opération du trafic, sans augmenter le capital qui ne permet aujourd'hui de la faire qu'une fois.

Si la transformation de la marine marchande et du trafic marchaient aussi vite que la tendance qui s'est manifestée jusqu'à ce jour semble le provoquer, on arriverait plus promptement encore au résultat de 33 millions que nous avons signalé pour l'année 1874. On peut remarquer, en effet, que, depuis le 1er janvier, les recettes ont augmenté de 100 000 francs par mois. Si cette progression se continuait jusqu'au 31 décembre, l'année 1870 donnerait une recette brute de 7 millions ; celle de 1871, une recette de 22 millions. et les 33 millions seraient atteints dès le mois de février 1872.

Mais nous devons éviter les exagérations d'une part comme de l'autre, et rester dans les hypothèses sérieuses, c'est-à-dire dans les chiffres que nous venons d'établir un peu plus haut. En les admettant, il adviendrait qu'en 1870 les recettes suffiraient exactement aux frais d'administration et d'entretien ; qu'en 1871, elles donneraient 70 pour 100 des intérêts des obligations ; qu'en 1872, elles feraient le service complet des obligations, leur arriéré de 1071 et donneraient 1 pour 100 aux actions de 500 francs ; qu'en 1873, elles suffiraient à tous les services ; qu'en 1874, elles feraient les mêmes services et donneraient 8 millions de supplément ; qu'enfin en 1875, elles donneraient un supplément de 15 millions. Après l'année 1875, le contingent du tonnage annuel étant atteint, l'augmentation ne serait plus que des 130 000 tonnes dont nous avons parlé ou 1 300 000 francs. Si le supplément de 15 millions de 1875 était donné aux actions, celles qu'on achète aujourd'hui au prix de 230 francs recevraient chacune 62 fr. 50 ou 27 pour 100. Leur valeur probable à la cote de 1876 serait, en l'évaluant à 6 pour 100, de 1 040 francs.

II

Tout ce qui précède suppose que le canal possède dès aujourd'hui une viabilité suffisante, et nous l'avons présumée telle pour ne pas compliquer le calcul. Mais quelques personnes ne croient pas que les choses en soient là, et pensent que la marine passe malaisément et qu'elle s'abstiendra en partie, pour échapper aux abordages des navires soit avec les rives, soit avec le plafond du canal.

Ici nous sommes obligé de faire une brève excursion dans le champ des travaux. Disons d'abord que, si l'état d'imperfection actuelle qu'on leur attribue est réel, on ne pourrait méconnaître, à la suite du passage de la *Jumna*, navire de 3 000 tonnes de jauge et de 800 chevaux de force, qu'ils présentent les conditions nécessaires au passage des plus grands steamers du commerce en usage dans la marine marchande. On peut donc, à la rigueur, faire dès aujourd'hui le trafic par Suez au moyen de la marine à vapeur, et percevoir des péages. Mais un service pareil suffit-il et ne doit-on pas se proposer de faire mieux?

Le canal est déclaré avoir 22 mètres de largeur au plafond avec des talus plus ou moins inclinés ; la largeur à la ligne d'eau varie depuis 60 mètres sur 32 kilomètres de longueur, jusqu'à 100 mètres sur

80 kilomètres, et elle a une dimension indéfinie sur 50 kilomètres de longueur.

La largeur de 22 mètres au plafond n'est effective que pour les très-grands navires. Pour ceux qui prennent 6 mètres d'enfoncement, elle est en fait de 30 mètres, et le creux de 6 mètres est le plus général.

On peut, sans s'éloigner beaucoup de Paris et en allant seulement jusqu'au Havre, se faire une idée de ce que sont au juste ces largeurs de 22 mètres et de 30 mètres en visitant l'écluse de Saint-Jean ou de la Floride (21 mètres) et la grande écluse ($30^m,50$). On appréciera la possibilité plus ou moins grande de faire croiser deux navires dans la première et dans la seconde. Dans les deux cas, l'un des bateaux doit se rapprocher d'une rive de manière à s'y accoler en quelque sorte, et cette opération est sans danger dans les écluses, parce qu'on peut empêcher le bateau de frotter contre la rive au moyen de petits ballons remplis d'étoupe ou de cylindres en bois mou pendus aux bastingages. Mais leur concours est inefficace quand les rives sont en talus comme au canal de Suez ; on ne peut alors empêcher la partie sous-marine des flancs du navire de frotter contre le pied des talus ; et le bâtiment y endommagerait son doublage en cuivre, s'il était en bois ; mais n'oublions pas que la transformation de la marine marchande se fait à la fois par la vapeur et par des coques en fer dont le frottement accidentel sur une rive ou sur le fond sera sans danger si la marche se fait avec une lenteur proportionnée aux chances de collision. Les conséquences des échouages peuvent être considérées, du reste, comme sans importance pour la presque totalité des cas, parce que la dénivellation due aux marées est très-faible.

Il n'est pas sans utilité d'insister ici sur l'innocuité que nous venons d'affirmer et de répondre à cette question légitime dans la bouche des intéressés: *Comment se ferait-il qu'un canal de 30 mètres de largeur, qui, il y a vingt-cinq ans, n'eût été praticable qu'avec de graves inconvénients pour les navires qui s'y seraient engagés, pût être inoffensif aujourd'hui?*

Nous l'avons énoncé sommairement: nous allons le redire en faisant connaître les motifs de notre appréciation.

Il y a vingt-cinq ans, la navigation avec les mers de l'Inde se faisait par des navires à voiles, en bois, doublés en lames minces de cuivre. Le moindre coup de vent par le travers, le moindre faux coup de barre porterait de pareils navires engagés dans le canal contre la rive sous le vent, où ils déchireraient les feuilles de cuivre de leur armature, avarie qui obligerait à les mettre dans une cale de radoub à la sortie du canal, à les visiter et à les réparer.

Aujourd'hui, et avant même l'ouverture du canal, la navigation a commencé à se faire par un autre moyen, que l'expérience a indiqué comme favorable et dont le canal de Suez va accélérer la réalisation. Ce moyen consiste à faire usage de navires à vapeur conduits par une machine donnant une faible vitesse et bâtis sur un gabarit donnant un fond presque plat au maître couple et une longueur de proue en poupe double ou triple de celle qui était en usage. De pareils navires, portant une charge considérable, sans augmentation sensible de résistance à la marche, peuvent naviguer avec une dépense peu supérieure à celle des voiliers. Pour eux, un léger frottement le long des rives ou sur le fond d'un canal, un échouage dans une eau sans dénivellation et sans agitation sensible, et c'est le cas du canal de Suez, est sans danger.

Les présomptions, sinon les preuves, à l'appui de ce que nous venons de dire de la transformation de la marine, se trouvent dans la partie déjà publiée au 15 juin de l'enquête de la marine marchande. Citons rapidement :

M. Sugeret, de Nantes, dit que l'avenir est aux navires mixtes en fer et qu'ils peuvent marcher sans subvention ;

M. Nicole, du Havre, que la navigation à voiles offre une trop grande incertitude dans sa marche pour n'être pas remplacée par celle à vapeur, qui accomplit ses traversées avec régularité ;

M. Bazin de Jessey, de Dinan, que le canal de Suez obligera la marine à se transformer complétement ;

M. Nougarel, de Cette, qu'à Gênes on ne construit que des navires mixtes, à cause du canal du Suez ;

M. Grosos, du Havre, que le navire à voiles doit être primé par la vapeur ;

M. Doré, de Cette, que les navires à voiles envoyés dans l'Inde, la Chine, les mers du Sud, à Rio, Montevideo et Buenos-Ayres, en ont été évincés par des paquebots à vapeur de 1500 à 2000 tonneaux venant de Bordeaux, Hambourg, Southampton, Marseille; il ajoute que les Anglais se préparent à profiter du canal de Suez en transformant leur marine;

M. Labat, de Bordeaux, que pour toute ligne de navigation, quelque longue qu'elle soit, il est possible d'imaginer des steamers assez longs pour transporter la marchandise à aussi bon compte que les voiliers, pourvu qu'on ait un fret suffisant.

Le fret ne manque pas en retour des mers de l'Orient.

M. Frayssinet, de Marseille, dit que la transformation de la marine est due au percement du canal et aux progrès rapides et continus des machines à vapeur ; qu'il est satisfait de la ligne qu'il a créée entre Marseille et Bombay.

MM. Germain, du Havre, Fruchau, de Nantes, et Bicha, de Bordeaux, ne partagent pas complétement l'opinion dont nous venons de citer les auteurs ; mais leur manière de voir est trop peu conforme aux faits acquis déjà et à la marche de l'esprit humain dans la voie du progrès pour que nous puissions nous ranger à leur avis de préférence à celui de leurs collègues des mêmes villes.

Dans une réunion solennelle du 27 juin dernier à Liverpool, les principaux représentants du commerce de cette place ont dit que la construction du canal de Suez allait être préjudiciable aux propriétaires des nombreux voiliers qu'il faut transformer en steamers; mais que les progrès les plus importants, les révolutions les plus heureuses dans l'industrie, avaient été de tout temps accompagnés de quelques dommages partiels; ce qui n'empêchait pas la grande famille humaine d'en tirer de grands bénéfices.

Les présomptions sont donc conformes à ce que nous avons établi et confirment la transformation de la marine en même temps que les chiffres énoncés aux pages 13 et 14, et desquels il résulte que, dès l'année 1873, les revenus suffiront pour payer aux actions un dividende de 25 francs, que ce dividende sera de 62 fr. 50 pour l'année 1875, que les actions capitalisées à 6 pour 100 vaudront 1040 francs au lieu du prix de 500 francs de leur émission; qu'enfin les actions achetées aujourd'hui 230 francs auront quadruplé de valeur.

L'année 1875 une fois écoulée, et le matériel naval se trouvant transformé en même temps que le chiffre de la consommation annuelle sera atteint, l'accroissement annuel des recettes ne correspondra plus qu'à l'accroissement du trafic général normal, c'est-à-dire à 130000 tonnes, et par conséquent les actions ne recevront plus qu'un accroissement de valeur lentement progressif; elles se trouveront classées alors comme les bonnes valeurs actuelles de nos grands chemins de fer.

III

Plusieurs circonstances qu'il n'est pas défendu de pressentir pourraient altérer la beauté des résultats que nous venons d'énoncer. Si la compagnie de Suez,

désireuse de donner dès aujourd'hui au canal des
améliorations qui rendissent son usage plus facile,
empruntait les fonds qui lui permettraient de pro-
duire de suite ce résultat, elle ne pourrait les obtenir
qu'à un taux usuraire. Le bas prix des actions, seule
mesure pour le public de la situation financière de la
compagnie, ne permettrait pas de trouver de l'argent
à moins de 12 à 15 pour 100. Des hommes compétents
disent que, pour donner au canal un complément de
perfection et une apparence de grandeur conforme à
la mission qui lui est destinée, il faudrait y dépenser
100 millions. Certes, rien ne serait plus facile aujour-
d'hui que de dépenser 100 millions dans le canal de
Suez. Leur emprunt en ce moment constituerait une
charge annuelle qu'on ne peut pas évaluer à moins
de 12 à 15 millions. Dans ce cas, les actions ne recevraient leur dividende de 25 francs qu'au bout de la
sixième année ou de 1875, et n'augmenteraient jamais
qu'avec l'extrême lenteur que nous avons signalée;
car, comme nous l'avons dit, l'accroissement annuel,
que nous avons évalué à 700 000 tonnes par an dans
les six premières années, sera réduit à 130 000 tonnes
après 1875, et il est probable même que le stock des
grandes places commerciales, des grands marchés, une
fois complété, il se réduira à 60 000 ou 80 000 tonnes,
chiffre actuel. Ce n'est donc qu'à la fin du siècle qu'on
verra advenir le chiffre de 6 millions de tonnes annoncé
avec une confiance que nous croyons fondée, mais
fondée seulement pour cette futurition éloignée. La
fortune des actionnaires est donc dans les mains de la

direction actuelle de l'entreprise. Sera-t-elle jalouse
d'un accroissement immédiat du gabarit de son canal
et du complément prématuré de gloire qui en résultera
pour elle, elle justifiera le calcul des spéculateurs à
la baisse. Aura-t-elle au contraire le calme nécessaire
pour n'étendre son gabarit et ne viser à la perfection
de son œuvre qu'après la sixième année et après avoir
permis au temps d'assurer les recettes complètes que
comporte le canal, elle aura sauvé les fortunes qui lui
ont été confiées.

Une autre condition indispensable au succès est
que le contrôle soit des plus sérieux, qu'on n'accepte,
par exemple, que sous bénéfice d'inventaire des as-
sertions du genre de celle contenue à la page 10 du
rapport de 1870 à l'assemblée générale des actionnaires, assertion dont nous ne contestons pas la bonne
foi, mais dont nous n'apprécions pas la valeur. Elle
consiste à dire que le vent apportera annuellement
500 000 mètres cubes de sable dans le canal et
300 000 mètres cubes de vase à l'entrée de Port-Saïd.
Le premier de ces chiffres est évalué à 64 000 mètres
cubes seulement, à la page 110 de la livraison de janvier 1870 des *Annales des ponts et chaussées*. Quant
au second, il paraîtra trop élevé de plus de moitié
au moins aux personnes qui se sont familiarisées avec
l'étude du mouvement des alluvions maritimes sur
les rives des mers sans marée. Il est permis d'admettre
que le sable ne fera une apparition sérieuse à l'entrée
de Port-Saïd qu'après que les apports annuels auront
atterri l'angle de 3 kilomètres de profondeur formé

par la côte et la jetée de l'ouest, et qu'après cela on pourra évaluer à 100 000 mètres cubes par an au plus les alluvions charriées par les courants de la région du nord-ouest.

Il y a un autre point sur lequel l'attention des actionnaires peut légitimement se porter, c'est la dépense de 5 millions à affecter aux frais d'administration et d'entretien. Un port comme le Havre, qui a six à sept bassins à nettoyer; 6 kilomètres de quais de 20 mètres de largeur, couverts de marchandises et sillonnés par de très-nombreux camions, à tenir en bon état; un éclairage considérable, douze à quinze écluses, autant de ponts et de paires de portes à soigner, raccommoder et renouveler, ne dépense pas 200 000 francs d'entretien par an, personnel compris. Il n'est pas supposable que chacun des deux ports extrêmes du canal, qui ne verra guère qu'un transit de navires et marchandises, puisse dépenser plus de 100 000 francs. Un canal muni de ponts, d'écluses, de portes, ne dépense que 2 francs pour son entretien par mètre courant, ce qui ferait pour 130 kilomètres une somme de 320 000 francs. Le canal de Suez, qui n'a ni portes, ni ponts, ni écluses, ni aucun ouvrage d'art, de précision à entretenir, ne peut dépenser plus du double de cette somme : ce serait 640 000 francs, et en tout 800 000 francs, soit au plus 1 million.

Quant au personnel supérieur, que nous appellerons *l'administration supérieure*, il semblerait suffisant d'avoir un directeur à Ismaïlia, qui, pour son exil et ses connaissances étendues, serait payé 100 000 francs, et trois administrateurs à Paris, payés chacun 30 000 francs avec un appartement pour bureau de 25 000 francs, et 25 autres mille francs pour frais de commis; ce serait en tout, avec les frais d'entretien, une somme de 1 250 000 francs. Il faut davantage, sans nul doute, pour les premières années, à cause de compléments divers de travaux de détail; mais dépenser normalement 5 millions de frais annuels pour un canal de 160 kilomètres de longueur semblera un chiffre excessif, tant que son emploi détaillé ne sera pas justifié.

Un vieil adage dit : « Tant vaut l'homme, tant vaut la chose. » Ce n'est pas que des hommes puissent faire bonne une chose qui ne contiendrait pas des éléments suffisants de bonne qualité; c'est que des défaillances de leur part peuvent rendre mauvaise ou médiocre une spéculation qui renfermerait en elle tous les éléments d'un succès. Ce qui fait la base du succès du canal de Suez, c'est l'existence actuelle, due à l'accumulation d'une série de siècles, d'un trafic de 3 millions de tonnes que la situation géographique oblige à prendre la voie du canal. Si l'on ne trouve pas dans cette base elle-même le salut financier de l'entreprise, on ne le trouvera pas dans les progrès ultérieurs, parce qu'ils seront lents comme le sont les accroissements des populations et de leur consommation.

10 juillet 1870

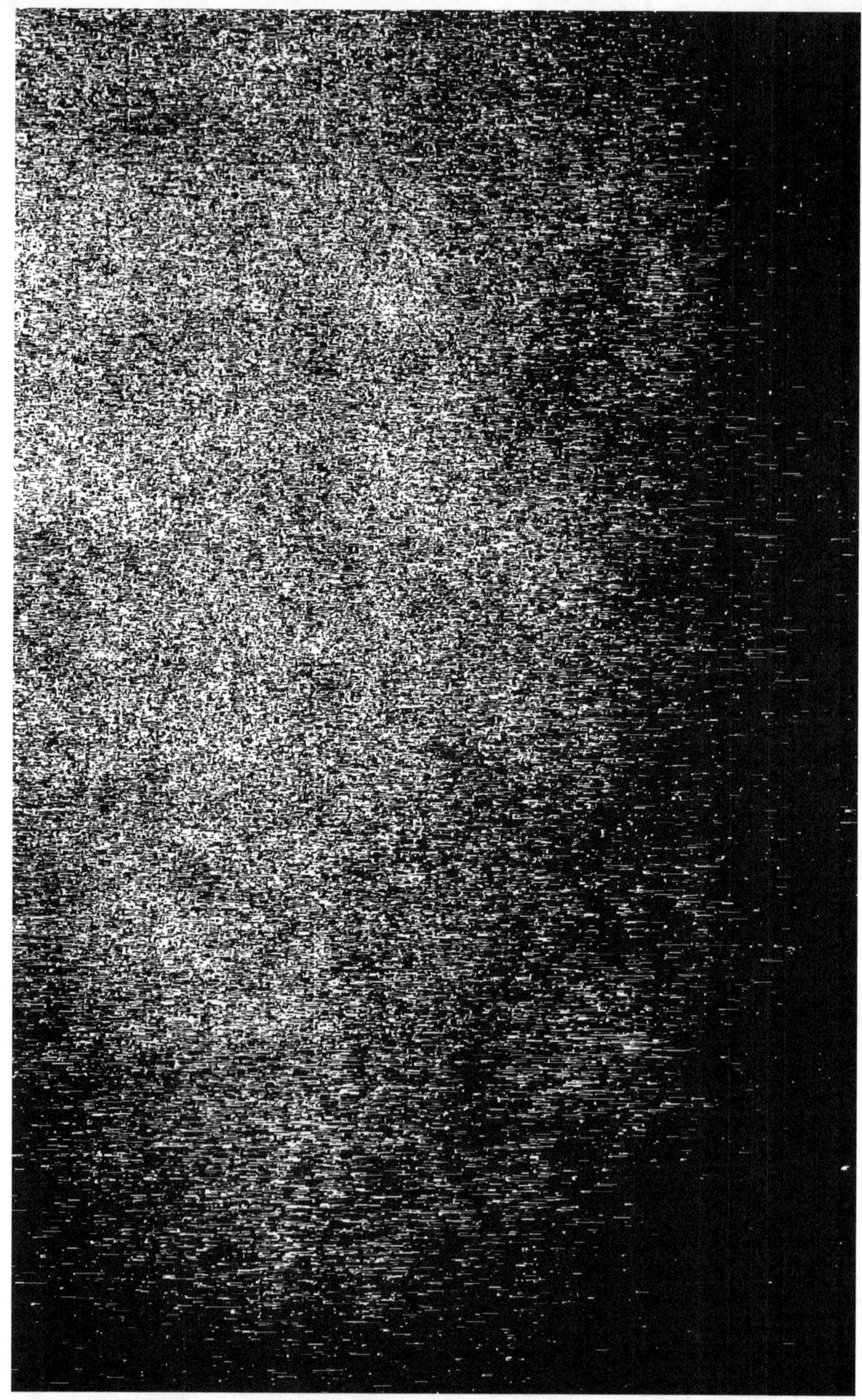